Sassnitzer Ansichten
–
Sassnitzer Alltag

aus der Fotosammlung des Stadtarchivs Sassnitz

Bibliografische Information der Deutschen Nationalbibliothek
Die Deutsche Nationalbibliothek verzeichnet diese Publikation in der Deutschen Nationalbibliografie; detaillierte bibliografische Daten sind im Internet über www.dnb.de abrufbar.

IMPRESSUM:

Herausgeber: Stadtarchiv Sassnitz
Autor: Frank Biederstaedt
Titel: Sassnitzer Ansichten – Sassnitzer Alltag: aus der Fotosammlung des Stadtarchivs Sassnitz

2. Auflage 2023

info@edition-pommern.de
www.edition-pommern.de

ISBN: 978-3-939680-54-3

Gedruckt in Deutschland

Inhalt

Vorwort

Liebe Leserinnen und Leser, einer der umfangreichsten Bestände unseres Stadtarchivs ist die Ansichtensammlung. Seitdem der spätere Ehrenbürger Wolfgang Rudolph das Stadtarchiv 1958 aufbaute, sammelten er und die folgenden Archivare und Ortschronisten Ansichtskarten und Fotografien oder dokumentierten das Leben in der Stadt mit all seinen Facetten. Bis heute hat sich der Bestand dadurch auf über 20.000 Fotografien und Ansichtskarten vermehrt und bildet eine Arbeitsgrundlage für die Sassnitzer Stadtgeschichtsforschung. Nach heutigem Erkenntnisstand geht die Dokumentation von Sassnitz, Crampas und Umgebung mit dem stetig wachsenden Tourismus einher und liefert uns ihre frühesten Aufnahmen aus den späten 1860er Jahren. Mit steigenden Besucherzahlen wuchsen die Ortschaften rasant, und zunehmend wollten die Reisenden ihren Daheimgebliebenen die Schönheiten des gewählten Urlaubsdomizils präsentieren. Die 1880er und 1890er Jahre stellten sich für Fotoverlage als lukrativ heraus. Verlage wie Sophus Williams oder Römmler & Jonas dokumentierten durch ihre in alle Welt geschickten Fotografen die Landstriche, befriedigten damit den Wunsch der damaligen Gesellschaft und hinterließen uns dadurch wertvolle Zeitdokumente. Ganze Fotoserien entstanden und auch die Insel Rügen war Bestandteil dieser „Landesaufnahme“. Der Berliner Verlag Sophus Williams zum Beispiel hatte laut Katalog von ca. 1880 bis 1895 seine „Insel Rügen“-Serie aus 324 verschiedenen Motiven gebildet. Durch die noch nicht so hohen Vervielfältigungszahlen sind diese Fotografien heute sehr selten.

Durch den Siegeszug der Ansichtskarte ab Mitte der 1890er Jahre ist die Dokumentation der Städte und Dörfer auf einem vorläufigen Höhepunkt angelangt. Die Privatfotografie setzt erst nach 1900 vermehrt ein und liefert uns nun den „Blick des Amateurs“, der sich mitweilen stark von den Berufsfotografen unterscheidet.

Mit stetiger Verbesserung der Fototechnik und vor allem der Kosten, entstehen mehr und mehr Fotografien, die auf verschiedensten Wegen ins Archiv gelangten oder gelangen – Schenkungen, Erwerb auf Auktionen, Keller- und Dachbodenfunde.

Leider müssen wir immer wieder feststellen, dass Bildmaterial häufig entsorgt wird. Oftmals können nachfolgende Generationen nichts mit dem Dargestellten anfangen, da der Wert für sie nicht mehr gegeben ist. Aus stadtgeschichtlicher Sicht können diese Dokumente allerdings wichtige Informationen enthalten, wie das Erscheinungsbild und die Tätigkeit der dargestellten Personen bzw. Straßenzüge und Häuser. Daher sei hier der Aufruf gestattet, die eigenen Fotoalben und -kästen durchzusehen, ob sich nicht Aufnahmen des Stadtbildes, von Veranstaltungen oder einfach nur vom Alltag für das Stadtarchiv und somit für nachfolgende Generationen finden lassen.

Besonders nach der politischen Wende erschienen viele Publikationen, die durch Fotografien aus Archiven und Privatbesitz hauptsächlich die Zeit bis 1945 zum

Thema hatten und unterstützt durch kurze Begleittexte einen Querschnitt damaligen Lebens anstrebten. Bis auf wenige Ausnahmen spielte die Epoche nach 1945 kaum eine Rolle. Mit der Zeit wurde der Ruf nach Ansichten der 1950er, 1960er, selbst 1990er Jahre immer lauter. Und genau hier möchte diese Publikation ansetzen. Die vielfältige Dokumentation durch zahlreiche Fotos ermöglicht es uns, ein breites Spektrum städtischen Lebens in Sassnitz abzubilden. Wenn auch der vorliegende Bild-Text-Band in grobe Kapitel unterteilt ist, so sind doch einige Fotografien kapitelübergreifend – der Alltag kann selbstverständlich auch Arbeit sein, ein Wetterextrem ist gleichzeitig ein besonderes Ereignis.

An dieser Stelle möchte ich den vielen Menschen danken, die im Laufe der Geschichte dem Stadtarchiv Sassnitz gezielt zuarbeiteten, durch Schenkungen den Bestand erheblich erweiterten und vor allem uns die Erlaubnis gaben, ihre Fotografien zur Veröffentlichung zu bringen. Ein Abbildungsverzeichnis befindet sich am Ende des Bandes.

Ihnen, liebe Leserinnen und Leser, wünsche ich nun viel Vergnügen beim Betrachten der Bilder, viele neue Erkenntnisse und die eine oder andere schöne Erinnerung.

Ihr
Frank Biederstaedt
Leiter Stadtarchiv und Stadtbibliothek Sassnitz

Straßen, Häuser und Plätze

Straßen sind die Lebensadern eines Ortes. Bis ins 19. Jahrhundert reichte dem ehemaligen Ort Crampas (heute Stadtzentrum) lediglich eine Dorfstraße, um die Erreichbarkeit aller Häuser sicherzustellen. Die Dorfstraße zog sich bis in die Senke von Sassnitz, wo sie sich dann in kleine Gassen aufteilte. Die Fischer- und Bauernkaten wichen im 19. Jahrhundert langsam den charakteristischen Neubauten der aufstrebenden Ostseebäder. Gesellschaftliche Veränderungen und der Zahn der Zeit nagen stetig am Aussehen der Stadt – mal in rasantem Tempo; ab und zu möchte man aber auch meinen, dass es nie anders gewesen ist.
Eine besondere Rolle spielen Gebiete und Häuser, zu denen man eine besondere Beziehung, positiv und negativ, hegt – das Geburtshaus, die langjährige Wohnung, der Jugendtreff, die Bank des ersten Kusses. Betrachtet man Fotos einzelner Häuser, wird unweigerlich die eine oder andere Erinnerung zu Tage treten. Oftmals existieren aber auch Häuser über Jahrzehnte, von deren Existenz man selbst in einer kleinen Stadt kein Wissen hat.

Der Blick des Fotografen wandert vom Bergschlößchen über das östliche Crampas bis nach Sassnitz. Diese Aufnahme entstand um 1900 und zeigt noch einige Baulücken. Im Jahr 1906 werden Crampas und Sassnitz zusammengeschlossen und viele Lücken werden bebaut.

In nordwestlicher Richtung bildetete in den 1960er Jahre der Wilhelm-Pieck-Ring die Grenze des bebauten Gebietes. Zwischen hier und dem bereits 1928 eingemeindeten Lancken lagen noch Wiesen und Felder, wie diese Aufnahme von 1969 zeigt.

Dank des Engagements der Sassnitzer Bürgermeisterin Ella Göhrke beim Landrat im Jahr 1949 konnten schon 1950 die ersten dringend benötigten 295 Neubauwohnungen übergeben werden – die Geburtsstunde des Erwin-Fischer-Rings.

Nach nur ungefähr 20 Jahren sieht man den Häusern des Erwin-Fischer-Rings die wechselvolle Geschichte an. Über vergessene Toiletten und Dachrinnen sowie dem zunächst fehlenden Hausputz unterhielten sich die Sassnitzer noch lange.

Dieses kleine Gebäude befand sich an der Kreuzung Gartenstraße/heutige Stralsunder Straße und beherbergte zunächst eine Tankstelle. Später war dort ein Büro des VEB Taxi untergebracht.

Im Jahr 1961 errichtete man am Ortseingang links eine Groß-Tankstelle. Die hier abgebildete Minol-Tankstelle rechts des Ortseingangs wurde 1967 gebaut und 1997 abgerissen.

Zur Zeit der Aufnahme des Fotos im Jahr 1970 befand sich im linken Gebäude noch das Volkspolizeirevier. Später war dort der Seniorenklub „Anna Seghers“ beheimatet. An der Bushaltestelle befindet sich heute das untere Ende der Rügen-Galerie.

Zum Wohngebiet Rügener Ring gehörte u.a. ein Kindergarten, eine Schule, das „Haus der Dienste“ mit medizinischen, handwerklichen und kulturellen Angeboten und ab 1988 eine Wohngebietsgaststätte. Die HO-Kaufhalle öffnete am 1. Dezember 1977 ihre Türen.

In den 1950er Jahren waren die Kneipen „Utkiek“ und „Störtebeker“ in der unteren Bachpromenade beliebte Treffpunkte der Fischer. Nach Erinnerungen alter Sassnitzer fing man des Öfteren in der einen Kneipe an und endete in der anderen.

Die Fotografie zeigt den Gemüseverkauf am Wilhelm-Pieck-Ring im Jahr 1973. Links neben der Eingangstür verweist ein Schild auf die Weltjugendfestspiele in Ost-Berlin. Ferner verweisen Schilder auf den Betrieb als Jugendobjekt durch die Freie Deutsche Jugend (FDJ).

Im Jahr 1869 eröffnete Th. Paulsdorff das „Hotel zum Fahrnberg“ und sorgte für einen Zuwachs an Fremdenzimmern. Oft hatten sich zuvor Sommergäste über fehlende Unterbringungsmöglichkeiten in Sassnitz beschwert.

Der stetige Zuwachs an Gästen machte weitere Anbauten notwendig. In den Jahren 1880/1882 wurden zusätzlich zwei Nebenhäuser errichtet. Nach der Blütezeit wurden einige Gebäude anders genutzt. Der „Fahrnberg“ war kurzzeitig auch Kinder-Sanatorium.

Nach der Machtübernahme der Nationalsozialisten wurde Sassnitz als Standort einer Landesführerschule, eine politische Bildungsanstalt der NSDAP, auserkoren. Für das alte „Hotel zum Fahrnberg“ begann ein neuer und kurzer Abschnitt.

Kriegsbedingt wurde die „Schulungsburg“ in den letzten Kriegsjahren als Lazarett genutzt. Der große, an der rechten Gebäudehälfte hängende Bronzeadler wurde von Kindern Anfang der 1950er Jahre im Wald entdeckt und fand sein Ende auf dem Schrottplatz.

Im Jahr 1970 eröffnete die legendäre HO-Gaststätte „Zum Goldbroiler". Erinnerungen an die Hühnerherzen-Brühe haben sich bis in die heutige Zeit gehalten. Das 1882 als „Hotel Bellevue" errichtete Haus war später unter dem Namen „Hotel zur Post" bekannt.

Besonders an der Rückseite des Hauses zeigte sich der desolate Zustand. Auch mehrmalige Renovierungen konnten den Gesamtverfall nicht aufhalten, sodass es im Jahr 1993 schließlich abgerissen werden musste.

Seit mehreren Jahrhunderten hat sich die Wegeführung der Hauptstraße nachweislich nicht verändert – einzig der Belag wechselte ab und zu. Der Blick des Fotografen wandert hier im Jahr 1955 die Hauptstraße von der Einfahrt Stiftstraße in östlicher Richtung entlang.

Der Blick in die entgegengesetzte Richtung fällt auf eine „Sassnitzer Landmarke“. Das 1969 errichtete Rügen-Hotel in der Bildmitte prägt seit mittlerweile 50 Jahren die Stadtsilhouette.

Das Hotel Monopol am Verbindungsweg zwischen der heutigen Hermann-Bebert-Straße und der Hafenstraße erhielt beim Bombenangriff auf Sassnitz am 6. März 1945 einen Volltreffer in der westlichen Gebäudehälfte.

Nach der Restaurierung der verbliebenen östlichen Gebäudehälfte wurde hier die „Niederlage Sassnitz" des VEB Stralsunder Brauerei untergebracht. Das Foto zeigt den Zustand im Jahr 1959.

Der Bau der Hafenbahn, die Eisenbahnverbindung vom Crampas-Sassnitzer Bahnhof zum Hafenbahnhof, erforderte bereits im Jahr 1897 eine Brücke in der späteren Stralsunder Straße. Die Fotografie zeigt den Brückenneubau über den Hafenbahnbogen im Jahr 1959.

Kirchenneubauten waren und sind ein nicht alltägliches Ereignis. Die neuapostolische Kirche wurde zwischen 1990 und 1991 in der Radvanstraße errichtet und dient heute als Wohnhaus.

Das 1913 von Carl Hertel errichtete Wohn- und Geschäftshaus ist hier noch als „Kaufhaus Magnet" zu sehen, neben dem ein Aufsteller auf den 20. Jahrestag der DDR hinweist. Nach der politischen Wende waren u. a. die Firmen „Woolworth" und „Schlecker" ansässig.

Die Fischindustrie spielte eine entscheidende Rolle in Sassnitz' Entwicklung. Auf diesem Platz wurden tausende Fischkisten und -fässer repariert, gewaschen und zwischengelagert. Ausrangierte Kisten wurden gerne für Schuppen, Zäune und Hühnerställe verwendet.

Seit 1883 thront die St.-Johannis-Kirche über den Dächern der alten Ortskerne von Crampas und Sassnitz. Der durch großzügige Spenden finanzierte Bau wurde ab 1880 im neugotischen Stil auf dem westlichen Ausläufer des Fahrnbergs errichtet.

Kurz nach dem Zweiten Weltkrieg befanden sich auf diesem Gelände noch Kleingärten, die schon wenig später den Fischkisten und -tonnen weichen mussten. Auch 30 Jahre nach Nutzungsende wird der Bereich bis heute als „Kistenplatz" bezeichnet.

Der Stralsunder Magnus Küster übernahm im Jahr 1848 eine Kreideschlämmerei und eröffnete bereits 1852 eine Restauration, auf dieser Fotografie das linke Gebäude, in der im unteren Geschoss seine Gäste logierten, während auf dem Dachboden die Kreide trocknete.

Um 1874 baute er dieses Gebäude zu einem Haus ersten Ranges um – die Geburtsstunde von „Magnus Küster's Hotel". Die Kreideschlämmerei bestand dennoch fort und wurde vom Sohn Malte Küster noch ausgebaut.

Den Stil des alten Gebäudes aufgreifend, wurde 1901 der Westflügel angebaut. Auch hier wechselte der Name mehrfach. Aus „Magnus Küster's Hotel" über „Küster's Hotel" und „Hotel Bristol" wurde es der „Sassnitzer Hof" und schließlich „Haus der Träume".

Diese Ansicht zeigt den Sassnitzer Markt um 1898. Neben kleinen Andenkenläden fanden sich hier außerdem die Gemeindebacköfen und die Wasserpumpe. In der Bildmitte am Hang hatte der Fotograf Andreas Bönki ein kleines Atelier.

Auf halber Strecke zwischen Crampas und Lancken befand sich das Gehöft Lenz, welches ursprünglich zum Gut Lancken gehörte. Das Foto zeigt das alte Wohnhaus und die dahinterliegende Nerzfarm im Jahr 1955.

Der Lenzer Katen befand sich in der heutigen Merkelstraße an der Einfahrt zur Hiddenseer Straße und wurde um 1970 im Zuge des Wohnungsneubaus abgerissen. Sein Name lebt bis heute im „Lenzberg" fort.

Von 1961-1970 befand sich auf dem Platz vor der Oberschule II ein Gedenkstein für den ermordeten Sassnitzer Sozialdemokraten Paul Möller. Dieser hatte in den letzten Kriegstagen versucht, führende Köpfe der Nationalsozialisten an der Flucht über den Hafen zu hindern.

Anlässlich des 100. Geburtstags Wladimir Iljitsch Lenins erfuhr der Platz 1970 eine im Zeitgeist betriebene gründliche Umgestaltung. Hier fanden in den folgenden zwei Jahrzehnten vor allem Gedenkveranstaltungen und Kundgebungen statt.

In den 1940er Jahren befand sich an der Stelle des späteren Lenin-Platzes ein Marine-Durchgangslager, welches beim Bombenangriff am 6. März 1945 mehrfach getroffen wurde. Die Bombenschäden waren teilweise noch Ende der 1940er Jahre zu sehen.

Viele Straßen waren und sind aufgrund ihres schlechten Zustandes besonders gefürchtet, was durch Niederschlag noch verstärkt wurde. Dieses Foto zeigt die östliche Waldmeisterstraße Ende der 1970er Jahre.

Seit 1910 werden die Geschicke von Sassnitz aus dem als Gemeindehaus und Warmbad errichteten Jugendstilgebäude in der Hauptstraße gelenkt. Die Gemeinde schuf sich damals einen Prestigebau, der noch heute oft bewundert wird.

Nachdem der Zahn der Zeit auch am Rathaus nagte, wurde es in den Jahren 2002 und 2003 aufwendig saniert und erstrahlte wieder im alten Glanz, wobei der ursprüngliche Aussichtsturm nicht neu errichtet wurde.

Besonders die historischen Ortskerne waren oftmals ungewollt dem Verfall ausgesetzt. Man konzentrierte sich auf Neubauten – Baumaterial für die Altbausanierung war Mangelware. Das Bild zeigt die Rosa-Luxemburg-Straße Ende der 1970er Jahre.

Machten die Häuser von Alt Sassnitz Anfang der 1960er Jahre noch einen guten Eindruck, waren viele von ihnen zwei Jahrzehnte später stark baufällig. Vor allem der Zustand der Veranden verschlechterte sich zusehends.

Mit dem Setzen der ersten Platte im April 1974 beginnen die Bauarbeiten zu einem der größten Sassnitzer Wohngebiete. Als „Rügener Ring“ wird er Wohnstätte für mehrere Tausend Menschen.

Straßen sind die Adern einer Stadt und müssen von Zeit zu Zeit erneuert werden. Besonders der Wechsel vom Kopfsteinpflaster zur Asphaltdecke lässt den Fahrkomfort spürbar steigen. Im Jahr 2001 erhielt die Hauptstraße eine Asphaltdecke.

Besonders in den 1970er Jahren werden viele Straßen mit Schwarzdecken versehen. Zum Zeitpunkt der Fotografie ist auf Höhe des Erwin-Fischer-Rings nur das ursprüngliche Kopfsteinpflaster vorhanden.

Das Kopfsteinpflaster in der unteren Stubbenkammerstraße bestand hingegen bis 2018. Die Fotografie zeigt den damaligen Ortseingang auf Höhe der heutigen Einfahrt zur Bachstraße im Jahr 1955.

Die östliche Bergstraße, die bis 1971 noch den Namen „Lindenstraße“ trug, entpuppte sich des Öfteren als Nadelöhr. Besonders bei Gegenverkehr mit Lkw und Bus war man auf gegenseitiges Entgegenkommen angewiesen.

Im November 1986 begann man schließlich mit dem Abtragen der Böschung und der Verbreiterung der Bergstraße. Die Böschung wurde fortan durch eine große Mauer gestützt.

So wie jedes Wohngebiet hatte auch der Wedding eine Verkaufseinrichtung, welche 1971 errichtet wurde und heute als Pension dient.

Mit dem Bau des letzten Wohnblocks auf dem Wedding im Jahr 1971 entstand ein neues Sassnitzer Wohngebiet. Der historische Weddingpark, der ab 1966 zum Volkspark ausgebaut werden sollte, wurde im Zuge der Bauarbeiten aufgegeben.

Im Jahr 1971 wandert der Blick des Fotografen vom Stubnitz-Kino hinüber zum Seemannsheim „John Schehr“ und weiter zum 1969 eröffneten Rügen-Hotel.

Ein beliebter Platz in der Stadtmitte war links des Kaufhauses „Magnet“. Hier wurde im Jahr 1966 das Denkmal für die auf See gebliebenen Fischer eingeweiht. Im Vordergrund weist ein Schaukasten auf das Programm der Stubnitz-Lichtspiele hin.

Baue auf und reiße nieder

Besucht man einen bekannten und lange nicht gesehenen Ort, entfahren oftmals Aussprüche wie „Ach, haben sie das auch abgerissen“ oder „Damals stand das aber noch nicht“. Städte befinden sich im stetigen Wandel. Gebäude verschwinden, Gebäude entstehen. Sassnitz gehört dabei zu den Kommunen, die in relativ kurzer Zeit gravierenden Veränderungen ausgesetzt waren. Zunächst vollzog sich innerhalb von knapp zwei Jahrzehnten der Wandel vom Fischerdorf zum Ostseebad. Die Fischerkaten verschwanden und die Architektur passte sich den neuen Umständen an. Der Ausbau der Infrastruktur und Kreideindustrie ließ den Ort ab den 1890er Jahren schnell anwachsen. Die Zusammenlegung der beiden Gemeinden Crampas und Sassnitz im Jahr 1906, die sich zu der Zeit baulich schon berührten, war eine logische Konsequenz des Wachstums. Der Einzug der Marine in den 1930er Jahren und der großangelegte Ausbau zum Fischereistandort ab 1949 waren entscheidende Faktoren in der Entwicklung der Stadt. Ebenso war die politische Wende und mit ihr der Wegfall des wirtschaftlichen Standbeines, dem Fischfang, ein prägendes Ereignis. Die Einwohnerzahlen sanken kontinuierlich – die Stadt änderte ihr Gesicht. Die Rückbesinnung auf die Zeiten als Ostseebad ließ das Gespür für die noch vorhandene Altbausubstanz wachsen. Viele Villen erstrahlten in neuem Glanz – doch leider war das Ende auch für so manches ehrwürdige Gebäude gekommen.

Mag der Zustand des 1901 errichteten Reichshofs auf dieser Fotografie eher nach dessen Abriss aussehen, so wurde er von 1998 bis 1999 gründlich saniert und strahlt seitdem in altem Glanz.

Im Zuge der Sanierung von Alt Sassnitz wurde auch der Nordische Hof mit Nebengebäude gründlich erneuert. Mit der Pflanzung von fünf Linden und der Verlegung eines neuen Pflasters fand die Sanierung des Alten Marktes 1999 einen Abschluss.

Dieses als Arbeiterwohnheim für den Fährhafen Mukran errichtete Haus in der Granitzer Straße beherbergte nach der politischen Wende ein Hotel und mehrere asiatische Restaurants. Das Gebäude wurde um 2000 abgerissen. Heute befinden sich hier Eigenheime.

Um Platz für Neues zu schaffen, wurden oftmals noch unsanierte Blöcke abgetragen. Der hier abgebildete Block an der Ecke Birkenweg und Gartenstraße wurde im Jahr 2005 abgerissen.

In der Stralsunder Straße befand sich in einem Flachbau der Friseursalon Kaulitz, der 1979 vom Dienstleistungskombinat Rügen übernommen wurde. Nach dem Abriss im Jahr 1992 entstand hier ein Wohn- und Geschäftshaus.

Vielen Sassnitzern wird der alte Pavillon an der Ecke Hauptstraße und Hermann-Bebert-Straße nicht nur als „Foto Gloris" in Erinnerung sein, sondern hauptsächlich als „Softeispavillon". Der Abriss erfolgte um 1993 für einen Neubau der Deutschen Bank.

Ehemalige Feuerwehrleute erzählten oft, dass sie bei jedem Alarm dachten: „Hoffentlich nicht das Prinz-Heinrich-Haus." Das fast komplett aus Holz gebaute ehemalige Hotel „Prinz Heinrich von Preußen" in der Walterstraße wich 1999 einem Neubau.

Ab 1959 rollte der Transitverkehr zwischen Stadt und Fähranleger über diese Stahlkonstruktion. Mit dem Abriss der Brücke um das Jahr 2000 verblieben von den 1959 errichteten Bauten das Empfangsgebäude „Glasbahnhof" und die Auffahrt dorthin.

Das 1873 errichtete Hotel „Walfisch“ war eines der ersten Hotels in Crampas und soll von Anfang an nicht sehr solide gebaut worden sein. Dennoch diente es bis 1998 als Wohnhaus, bevor es dem Erdboden gleichgemacht wurde.

Einst sollte diese Brücke ab 1993 einen barrierefreien Zugang zum Königsstuhl ermöglichen. Doch nach mehreren Protesten aufgrund der mangelnden Ästhetik wurde sie wieder entfernt, zwischengelagert und 2004 über dem Tribber Bach in Dwasieden neu errichtet.

Das ehemalige Logierhaus zum Restaurant Bieramare (Miramare) am Kurplatz wurde seit den 1920er Jahren als Wohnhaus genutzt und in den 1970er Jahren abgerissen. Die Fundamentreste finden sich noch heute im Steilhang.

In den Jahren 1987 und 1988 wurde oberhalb des Rügener Rings ein neues Eigenheimgebiet erschlossen. Dabei entstanden in der verlängerten Granitzer Straße sechs, in der neuen Arkonastraße zunächst drei Eigenheime, die auf dieser Fotografie abgebildet sind.

Im Jahr 1995 wurden das ehemalige Barackenviertel sowie der Sassnitzer Markt abgerissen, um für das neue Sassnitzer Stadtzentrum Platz zu machen. Die Grundsteinlegung der „Rügen-Galerie“ fand am 21. Juni 1996 statt.

Die Straße der Jugend ist vor allem als Zufahrt zum Hafen, zum Park Dwasieden, der Berufsschule oder dem Sportplatz bekannt. Hier befindet sich ebenfalls ein kleiner Schmetterlingspark, dessen Rohbauten diese Abbildung aus dem Jahr 2001 zeigt.

Um den vielen Fischern ohne feste Sassnitzer Wohnung eine Unterkunft zu bieten, errichtete man im Jahr 1955 das Seemannsheim am heutigen Kreisverkehr. Der Fotograf schaut hier über das gerade errichtete Erdgeschoss hinüber zur Oberschule II.

Fast zeitgleich begann der Bau der „Stubnitz-Lichtspiele", der aber durch verschiedene Probleme erst 1958 abgeschlossen wurde. Viele Einwohner und Gäste erinnern sich heute nicht nur an ein Kino, sondern an ein vollwertiges Kulturhaus.

Um die Tradition als Ostseebad wieder aufzunehmen, war eine Seebrücke von großer Bedeutung. Die Fotografie zeigt die Bauarbeiten für den an historischer Stelle wieder errichteten Seesteg im September 1993.

Im Jahr 2005 begannen oberhalb des Rügen-Galerie-Parkplatzes die Bauarbeiten für einen neuen und modernen Busbahnhof, der 2006 in Betrieb genommen wurde.

Im April 2004 erfolgte die Grundsteinlegung zum „Molenfußgebäude“, einem Informations- und Servicecenter mit Büros, der Touristeninformation und einem Veranstaltungsraum.

Das alte Feuerwehrgerätehaus in der Bachstraße bestand genau 40 Jahre, als es im März 2000 abgerissen wurde. Bereits im April desselben Jahres konnte der Grundstein zum neuen Feuerwehrgebäude gelegt werden.

Das letzte große Wohngebiet wurde ab 1989 errichtet und umfasste die Mukraner, Litauische und Klaipedaer Straße, in der 1992 der letzte Block übergeben wurde. Das Foto zeigt Arbeiten an der Litauischen Straße.

Das Schloss Dwasieden wurde im Auftrag Adolph von Hansemanns, einem der wohlhabendsten Männer der Bismarck-Ära, in den Jahren 1873 bis 1877 im gleichnamigen Waldgebiet errichtet. Im Jahr 1948 wurde es gesprengt.

1901 wurde an der Strandpromenade das Hotel Seeschloß errichtet. Bekanntheit erlangte es aber später als Wiener Café. Nach einer Pause nach dem Zweiten Weltkrieg war es vor allem in den 1950er Jahren beliebter Treffpunkt. Das Foto zeigt Umbauarbeiten im Jahr 1938.

Ab 1998 wurde im Westen der Stadt ein neues Wohn- und Eigenheimgebiet erschlossen. Auf dem Foto wandert der Blick aus Richtung Schloßallee hinüber zu den Eigenheimen der verlängerten Mukraner Straße im Jahr 2001.

Anstelle des zuletzt als Wohnhaus genutzten Gebäudes ehemals Bergstraße 7, entstand im Jahr 2004 ein neues Wohn- und Geschäftshaus mit integriertem Atelier.

Im März 1997 wurde in der Hafenstraße der Grundstein für einen modernen Anbau für die Sparkasse gelegt. Zwanzig Jahre später wurde die Filiale hier geschlossen und in der Rügen-Galerie neu eröffnet.

Alltag und besondere Ereignisse

„Die wahre Lebenskunst besteht darin, im Alltäglichen das Wunderbare zu sehen“ (Pearl S. Buck). Für die Dokumentation kommunalen Lebens sind Fotografien des Alltags genauso wichtig wie Fotografien spezieller Ereignisse, zeigen sie doch das tägliche Handeln der jeweiligen Gesellschaft in ihrer Zeit. Selbstverständlich sind Fotos dabei nur Momentaufnahmen, können aber trotzdem nachfolgenden Generationen einen Blick auf das alltägliche Leben in früheren Zeiten geben. Fotos des Alltags beinhalten für den Betrachter eine Menge Informationen. Architektur, Kraftfahrzeuge, geschriebene Parolen geben genauso viel Auskunft wie die Menschen selbst – Frisuren, Kleidung, ihre Handlungen im Moment der Aufnahme. Dem jungen Betrachter mögen viele Informationen fremd vorkommen, der Zeitzeuge vermag sich wieder an längst Vergessenes zu erinnern. Die freigesetzten Emotionen sind dabei so vielfältig wie die Fotografien selbst.

Besondere, zuweilen auch einmalige Ereignisse lassen den Kreis der Zeitzeugen zwar schrumpfen, doch werden die Fotografien dadurch nicht weniger interessant. Alltag und besondere Ereignisse wechseln sich in der Geschichte ab – die Dokumentation von Beidem ist gleichermaßen wichtig.

Die Sassnitzer Einwohner waren mit dem unterschiedlichsten Rollmaterial der Bahn vertraut. Dennoch war es etwas besonderes, wenn der „Berlinaren“, ein mehrteiliger Schnelltriebwagen der Bauart „Görlitz“, den Ort, wie hier im Jahr 1969, durchquerte.

Schon früh kam Sassnitz mit dem Medium Film in Berührung und wird bis heute in Fernsehserien und Reportagen gezeigt. Die Fotografie zeigt eine Szene am Sassnitzer Kurplatz, eines leider nicht dokumentierten Filmes im September 1910.

Im Jahr 1977 wurde der sogenannte Lenin-Waggon gegenüber dem Bahnhof aufgestellt. Das kleine Museum im Waggon informierte bis 1990 über die Person und das Wirken Wladimir Iljitsch Lenins.

Ebenfalls im Jahr 1977 wurde der „Saßnitzer Markt" eröffnet, der im Volksmund auch „Bauernmarkt" genannt wurde und ein beliebter Treffpunkt war. Ab 1996 wurde an dieser Stelle die Rügen-Galerie errichtet.

Für Motorsportveranstaltungen war insbesondere der ADMV (Allgemeiner Deutscher Motorsport Verband) zuständig. Besonders beliebt und mit eigenem Kraftfahrzeug zu realisieren, waren Geschicklichkeitsfahrten wie hier im Birkenweg 1969.

Im Mannschaftssport konnte Sassnitz im Laufe der Jahrzehnte einige gute Mannschaften aufweisen. Dass Handball nicht nur eine Hallensportart ist, beweist diese Aufnahme aus den 1950ern. Sie entstand auf dem Wedding-Sportplatz.

Im Jahr 1966 wurde zum ersten Mal in Sassnitz ein K-Wagen-Rennen (Kleinwagen) auf dem Kurs „Rund um das Hochhaus“ im damaligen Wilhelm-Pieck-Ring durchgeführt. Die Fotografie zeigt den Start zu einem Rennen im Jahr 1974.

Mehrere tausend Menschen verfolgten spannende Rennen der hauptsächlich in Arbeitsgemeinschaften gebauten Karts. Die verbauten Motoren stammten meistens von Simson, für leistungsstärkere Wagen von MZ.

Bereits ab den 1930er Jahren nutzte man den ehemaligen Saal des „Hotel Geschwister Koch" (heute Grundtvighaus) unter dem Namen RIO-Lichtspiele als Kino. Seit 2000 finden hier wieder öffentliche Filmvorführungen statt.

Die 1958 errichteten „Stubnitz-Lichtspiele" erhielten im Jahr 1976 eine kleine Attraktion mit der Eröffnung des Klub-Kinos. Bei Speis und Trank genoss man hier in kleiner Gesellschaft und auf bequemen Stühlen die Filmvorführungen.

Parolen zu den verschiedensten Ereignissen und Vorhaben waren im DDR-Alltag fest verankert. Im Jahr 1973 heißt es hier an einem Block in der Leninstraße „Mit guten Taten überall voran zum X. Festival der Jugend und Studenten".

Nachdem der Aktionskünstler HA Schult ein zum Kunstwerk erklärtes Auto aus den Wissower Klinken entfernen musste, installierte er sein „Zur Welle gewordenes Auto" im Oktober 1992 auf der Sassnitzer Mole.

In Sassnitz und Umgebung gab es die verschiedensten Rodelbahnen jeden Schwierigkeitsgrades, zu denen man mit Freude aufbrach. Nicht selten gingen bei der Abfahrt auch Schlitten zu Bruch. Die Aufnahme entstand Mitte der 1980er Jahre in der Radvanstraße.

Charakteristisch für die damalige Zeit – die Kinder spielen draußen und es war für Eltern schwieriger, sie ins Haus zu bekommen als raus. Auch ließ das geringe Verkehrsaufkommen noch Spiele auf Straßen zu, wie hier in der August-Bebel-Straße um 1970.

Heute wie damals gab es kleine Plätze, die sich wie ein Selbstläufer als Müllhalden entwickelten und zum Ärger der Anwohner eine länger als gewünschte Lebensdauer hatten. Das abgebildete Beispiel stammt aus der Böttcherstraße des Jahres 1969.

Jeschke

"Schöner unsere Städte und Gemeinden !"

Wandzeitung, dem Rat der Stadt übergeben.

Liebe Stadtväter, ratet einmal, wann und wo diese Aufnahmen gemacht wurden !

Diese Aufnahmen wurden am 2. Juni 1969 in Saßnitz, Böttcherstraße gemacht. Der Geruch, der den Schutthalden entströmt, ließ sich leider nicht mit aufnehmen.

Die Nationale Front wollte diesen Platz bis zur Ostsee-Woche als Schmuckplatz gestalten. Aber leider .....

Heute kann man des Öfteren nachts oder früh morgens das Damwild mitten in der Stadt antreffen. Für eine Zeit waren auch die Wildschweine ständige Gäste, die sich zunehmend auch tagsüber zeigten. Die Aufnahme entstand in der Stubbenkammerstraße um 1978.

Damals wie heute ist die Touristen-Information für einen Reisenden erste Anlaufstelle im Urlaubsort um sich über Stadt, Umgebung und Angebote zu informieren. Eine Nebenstelle des Deutschen Reisebüros befand sich 1959 in der Merkelstraße.

Im März 1999 sank, aus bis heute ungeklärter Ursache, der Sassnitzer Fischkutter „Beluga“, wobei drei Fischer ihr Leben ließen. Kurze Zeit später wurde der Schwimmkran mit der „Beluga“ schon von einer Menschenmenge im Sassnitzer Hafen erwartet.

Neben Ski- oder Schlittenfahren bieten Eisbahnen eine Menge Spaß. Im Jahr 2003 wurde kurzerhand der Kurplatz zur Eisbahn für Groß und Klein erklärt.

Es gehörte zum gängigen DDR-Alltag, auf bevorstehende Projekte, Pläne und Ziele öffentlich hinzuweisen. Vor dem Rathaus fand man Anfang 1971 diese Tafel.

Mal wurden sie in Säcke geliefert, mal direkt von der Ladefläche des Lkw über eine Rutsche in den Keller geschüttet und manchmal auch direkt vor das Haus gekippt. Auf dieser Fotografie von 1977 ist die frische Ladung Briketts für die „Stubnitz-Lichtspiele“ zu sehen.

Bei der Arbeit

Die oft vernommene Aussage „Arbeit ist etwas Schönes, ich könnte stundenlang zusehen“ bezeichnet nicht die Absicht dieses Kapitels. Vielmehr geht es darum, die Leistungen der Menschen in all ihren Facetten darzustellen und zu würdigen.

Genauso vielfältig wie der Wandel des Landschafts- oder Ortsbildes ist auch der Wandel in den verschiedenen Berufszweigen – sie verändern sich, kommen hinzu oder fallen weg. Tätigkeiten mögen über Jahrhunderte dieselben Bezeichnungen haben, der Geist der Zeit hat aber auch hier seine Spuren hinterlassen. Besonders auffällig wird dies zum Beispiel bei historischen Baustellenfotos. Baugerüste aus Holz erinnern mehr an Provisorien, Arbeiter stehen ohne Sicherung an Dachrändern oder sitzen auf einfachen Brettern in schwindelerregender Höhe.

In Sassnitz und Umgebung waren und sind vor allem die Kreideindustrie und die Fischerei allgegenwärtig. Von der einst sehr schweren Arbeit zeugen noch viele Fotos und auch Filmaufnahmen. Viele Tätigkeiten lassen wir heute durch Maschinen ausführen, andere Arbeiten werden wie eh und je gehandhabt.

Wenn der Fotograf erschien, war es ein besonderes Ereignis. Diese Gruppe von Arbeitern nahm der Sassnitzer Fotograf Gustav Scharbius auf dem Gelände des Kreidewerkes Galitz um 1920 auf.

Für einige Jahre gestaltete der Stadtarchivar und Ortschronist Peter Müller (r.) handgeschriebene Ortschroniken. Hier überreicht er im März 1985 dem Bürgermeister Hans-Joachim Lange die Chronik für 1984.

Bei schweren Stürmen aus Ost werden Tonnen von Feuersteinen durch die Wellen in Bewegung gesetzt und auf die Strandpromenade geschleudert. Hier beseitigt eine Gruppe Helfer Sturmschäden vor dem Wiener Café Ende der 1950er Jahre.

Auch wenn der Anschluss an die Überlandzentrale im Jahr 1926 erfolgte, wurde bis in die 1950er Jahre eigener Strom im E-Werk produziert. Das Foto zeigt den Blick ins Innere des Gebäudes im Jahr 1952.

Auch die Malerzunft vollführte ihre Tätigkeit auf, aus heutiger Sicht, abenteuerlichen Gerüsten. Hier bekommt die heutige Hauptstraße 18 einen neuen Anstrich. Zur Zeit der Aufnahme in den 1920er Jahren hatte der Friseur Wilhelm Lucht hier einen Salon.

Man könnte meinen, am Tag der Aufnahme im Jahr 1968 gab es Vergünstigungen für Wartburg-Besitzer. Die Reparaturwerkstatt Harder wurde im Jahr 1977 von Fritz Plamper übernommen und beherbergt heute eine Seifensiederei.

Der Kreideabbau hat in und um Sassnitz eine lange Tradition, die vor über 200 Jahren ihren Anfang nahm. Seitdem gab es mehrere Fabrikbesitzer, wie Küster, von Halfern, Bliesath und Galitz, deren Namen teilweise noch heute geläufig sind.

Die beiden Fotos auf dieser Seite wurden um 1930 im Gemeindekreidewerk, ehemals Küster, hinter dem heutigen „Haus der Träume“ in der Bergstraße geschossen. Das Lächeln des Kreidearbeiters täuscht ein wenig über die sehr schwere Arbeit hinweg.

Arbeitseinsätze und Subbotniks, als gemeinschaftliche Tätigkeiten neben der eigentlichen Arbeit, waren eine gängige Praxis. Hier pflegen Kollegen der Gemüseverkaufshalle im Jahr 1971 die Fläche vorm Rügen-Hotel-Parkplatz.

Im Jahr 1929 zog auch im Sassnitzer Postwesen moderne Technik ein. Mit einem kleinen Festumzug wurde die Ära der Postkutschen durch das neue Postauto abgelöst. Die erste Kutsche lenkte der letzte Sassnitzer Postillon Wilhelm Kruse.

In den alten Fischerfamilien war oftmals die Hilfe der gesamten Familie gefragt. Auf dieser Aufnahme aus dem Jahr 1923 hilft der spätere Autor des Buches „Zur Geschichte von Saßnitz", Max Koch, seinen Eltern beim „Flundern puken".

Im Januar 1989 setzt ein Hubschrauber die Gittermasten auf dem Hauptbahnhof, der Hafenbahn und dem Hafenbereich für die zukünftige Elektrifizierung der Strecke. Im Mai 1989 trifft der erste elektrisch betriebene Zug in Sassnitz ein.

Wie der Aufdruck „Sassnitz-Neucölln" auf der Fischkiste beweist, waren Fische auch damals beliebtes Exportgut. Direkt am Strand vor dem Strandhotel werden auf dieser Aufnahme um 1920 Fische aus den Netzen „gepukt".

Am 13. Juni 1929 setzte man eine lang geforderte Investition in die Tat um – der Bau einer Fischhalle begann. Das im Oktober übergebene Gebäude wurde durch die Firmen Kell & Löser Berlin und Otto Wolter Sassnitz errichtet.

Das liebe Wetter

Mit dem Ausspruch „Wer am Meer will leben, muss im Sturm bestehen“ nannte der Mönchguter Lehrer Fritz Worm die charakteristischste Wettererscheinung unserer Breiten. Bis heute werden die Insel und somit auch Sassnitz von Stürmen, selten Orkanen, heimgesucht, die, wenn sie aus Nordost kommen, oft mit einem Sturmhochwasser einhergehen. Das Sturmhochwasser vom 13. November 1872 gilt als das bis heute höchste jemals gemessene Hochwasser an der südlichen Ostseeküste mit Pegelständen um 3 Meter über dem mittleren Wasserstand und richtete auch in Sassnitz einigen Schaden an. Wenn auch der Ort aufgrund seiner Lage nicht direkt betroffen war, so riss das Hochwasser doch sämtliche Boote und Fischereigerätschaften, Lebensgrundlage der damaligen Einwohner, mit sich fort und hinterließ großen wirtschaftlichen Schaden. Auch der Winter stellte die Menschen hier immer wieder vor harte Proben. Einer der schwersten seit Ende des zweiten Weltkrieges war jener von 1978/79. Fotos zeugen von der vollkommen vereisten und später stark beschädigten Mole, Schiffe im Eis, meterhohe Schneewehen, Schnee schippende Menschen und Brot backende Soldaten der Sowjetarmee.
Ob Sturm, Schnee, Trockenheit oder Wasser von unten oder oben – das Wetter zeigt sich an der Küste stets vielfältig und manchmal auch extrem.

Der Fotograf ritzte in das Negativ auf dem kleinen Wagen unten links das Datum dieser Regenflut. Am 10. August 1925 schien ein Platzregen für diese unnatürlichen Bäche von der Rosenstraße hinter dem Strandhotel und der Bachpromenade gesorgt zu haben.

Immer wieder wurde Sassnitz im 20. Jahrhundert von kräftigen Wintereinbrüchen heimgesucht. Im Winter 1928/29 fiel das Thermometer teilweise auf -25° Celsius und ließ die Ostsee gefrieren. Das gestaute Packeis lockte so manchen Besucher an.

Zusammen mit Sturm aus Ost ergeben sich bei Eiseskälte bizarre Formen aus Eis. Für die Seebrücken, Badeanstalten und die Strandpromenade bedeutete es aber gleichzeitig auch Beschädigung, wenn nicht gar Zerstörung.

Bei extremen Wetterereignissen kam auch das Militär zum Einsatz. Soldaten der NVA oder der Sowjetarmee halfen mit Schneeschippkolonnen, schwerem Gerät oder der Verteilung von Lebensmitteln.

Bei einem Sturm im Sommer 2002 hielt es das Dach der Villa Meeresblick nicht mehr an Ort und Stelle und fand sich zerstört auf der Ringstraße wieder.

Schwankungen des Meeresspiegels werden hier nicht von Ebbe und Flut, sondern von Windereignissen hervorgerufen. Anhaltend starker Südwest-Wind verursachte im Februar 2012 ein Niedrigwasser, sodass Klein Helgoland zu Fuß zu erreichen war.

Im Oktober 2016 sorgte starker Wind aus entgegengesetzter Richtung für Hochwasser um 1,40 Meter über dem normalen Wasserstand. Klein Helgoland wurde dabei fortwährend von Wellen überspült, die auch das Ufer in Mitleidenschaft zogen.

Nachdem in der Nacht der Wind auf Ost drehte und zum Hochwasser zusätzlich Wellen auf die Windpromenade aufliefen, bot sich am 5. Januar 2017 dieses Bild mit Ausspülungen und Mengen an Land geworfener Steine.

Welchen Gewalten die Bauten an der Strandpromenade ausgesetzt waren, beweist dieses Foto aus den 1930er Jahren sehr gut. Der Wiederaufbau war kostspielig aber unumgänglich, wollte man als Ostseebad Bestand haben.

Entlang der Strandpromenade

Sehen und gesehen werden, lustwandeln und flanieren: Die Strandpromenade war das Dreh- und Angelkreuz des Seebades, hier konzentrierte sich das Leben der Erholungssuchenden in den Vor- und Nachmittagsstunden. Auch die Strandpromenade unterlag einem stetigen Wandel. War sie in den 1860er Jahren lediglich ein kleiner befestigter Strandweg, machte sie, verbreitert und befestigt, vor allem im Bereich der vom Sassnitzer Markt kommenden Bachpromenade ab den 1890er Jahren ihrem Namen alle Ehre. Hier entstand zunächst auch ein provisorischer Kurplatz, der sich letztlich aber am heutigen Standort durchsetzte. Verkaufsläden, Cafés, die Seebrücken mit den Dampfern und die Badeanstalten sorgten für regen Verkehr und Geschäftigkeit. Besonders beliebt waren die buntgeschmückten Fischerboot-Korsos, die mit zahlreichen Gästen die Steilküste zum Ziel hatten und abends wieder vor Sassnitz anlegten.

Dennoch war die Strandpromenade gleichzeitig auch das Sorgenkind der Gemeinde, denn die wiederkehrenden Herbst- und Winterstürme hinterließen große Schäden, die in jedem Frühjahr kostspielig beseitigt werden mussten.

Als Bestandteil der Mole baute man im Jahr 1889 einen ca. 50 Meter langen Abschnitt parallel zum Hochufer. Diese ursprünglich ca. 2,50 Meter hohe Mauer schaut heute nur noch knapp aus dem Erdreich. An dieser Stelle befand sich der Sassnitzer Schwanenstein.

Die Strandpromenade um 1885. Bei dem großen Findling handelte es sich um den Sassnitzer Schwanenstein, von dem aus ab 1889 der Molenbau begann. Dahinter folgen das Damenbad sowie das 1884 errichtete Warmbad mit Lesehalle.

Seit Errichtung der Mole, ausgehend vom Schwanenstein im Jahr 1889, lagerten sich am Molenfuß immer mehr Feuersteine ab und schufen dadurch in diesem Bereich eine breitere Promenade und einen natürlichen Trockenplatz für Fischernetze.

Um 1930 sicherte man die neu gewonnene Fläche mit einer Spundwand, die von der Baufirma Max Gabbert errichtet wurde.

Mit der Aufschüttung von Strandsand und Strandkörben versuchte man die Attraktivität des Ostseebades zu bewahren. Zeitgleich versuchte man mit dem Titel „Kreideheilbad“ einen neuen Interessentenkreis zu gewinnen.

Neben dem Freibad am Strand existierte an der Promenade ferner eine Seebadeanstalt mit Damen-, Herren- und Familienbad. Zur Unterhaltung konzertierte hier während der Saison in den Vormittagsstunden die Kurkapelle.

Ab Mitte der 1920er Jahre wurde die Strandpromenade hinter dem Strand mit festen Häusern bebaut. Hier fanden die Gäste verschiedene Andenkenläden und Cafés.

Eigentlich heißt dieser Findling Uskan, doch hauptsächlich wird sein alter Spottname „Klein Helgoland“ verwendet. Immer wieder schlug man Brücken zum Stein, wie hier um 1930, die meistens Stürmen zum Opfer fielen. Die letzte Brücke verschwand 2002.

Durch den Wandel vom Touristen- zum Industrieort war die Attraktivität und Außenwirkung nur noch von zweitrangiger Bedeutung. Den großen Netzboden errichtete man 1968 direkt an der Strandpromenade auf dem ehemaligen Sassnitzer Strand.

Sowohl vor als auch nach dem Zweiten Weltkrieg war der Kurplatz das kulturelle Zentrum auf der Strandpromenade. Hier fanden Konzerte, Theater- und auch Filmvorführungen statt.

Die Fotografie aus dem Jahr 1980 zeigt Kurplatz und Konzertmuschel in sehr schlechtem Zustand. Von 1987 bis 1988 wurde unter Beteiligung des Binzer Baumeisters Ulrich Müther eine neue „Kurmuschel“ errichtet und der Platz befestigt.

In Ermangelung eines Sandstrandes oder einer Badeanstalt gestaltet sich das Sassnitzer Badeleben heutzutage sehr ruhig. Ab und an zieht es aber Menschen an die alte Badestelle wie auf diesem Foto von 1999.

Der Netzboden versperrte zwar für einige Jahrzehnte die direkte Sicht auf die See, dennoch waren die Gaststätten und Cafés an der Strandpromenade sehr beliebt. Die Pinguine als Symbol schmackhaften Eises blieben manchem Einheimischen im Gedächtnis.

Feste, Feiern, Offizielles

„Die Betten mussten selbst mitgebracht werden." Diese Anekdote eines der ersten dokumentierten Besuche des Dorfes Sassnitz aus Erholungszwecken wurde später oft erzählt. Der Berliner Theologe Friedrich Schleiermacher schickte im Jahr 1824 seine Familie in das kleine Fischerdorf, um dort Ruhe und Entspannung zu finden. Für unsere Vorfahren war dies der Beginn des Ostseebades Sassnitz, was man 100 Jahre später in einem der größten Feste in Sassnitz' Geschichte feierte. Ebenfalls ausgehend vom Jahr 1824 feierte man im Jahr 1999 „175 Jahre Badetradition" mit historischem Festumzug, Kulturgruppen und Vereinen. Doch neben den Großveranstaltungen wie den genannten oder den Rügener Hafentagen, sind es die vielen kleinen Veranstaltungen, die das kulturelle Leben in Sassnitz prägen. Dabei wurde so manche Veranstaltung zur Tradition, während es anderen aus den verschiedensten Gründen nicht gelang, Fuß zu fassen. Doch neben großen und kleinen Festen, Konzerten und Nachmittagen auf dem Bauernmarkt gehören selbstverständlich auch offizielle festliche Akte wie Aufmärsche, Einweihungen von Gebäuden und Denkmalen sowie Verleihungen von Urkunden, Namen oder Titeln zur Sassnitzer Kulturlandschaft.

Das 1959 gegründete Jugendblasorchester ist bis heute zu den verschiedensten Veranstaltungen mit musikalischen Beiträgen vertreten. Auf dieser Fotografie begleitet das Orchester die Umbenennung der Weddingstraße in Ernst-Thälmann-Straße im Jahr 1975.

Lenin in der Schlinge – ein durchaus brisantes Foto seinerzeit, heute ein wunderbares Zeitdokument. Die Büste, gestaltet vom Rigaer Talivaldis Gaumigs, wurde anlässlich Lenins 100. Geburtstag im April 1970 enthüllt, zeitgleich erhielt die Oberschule II seinen Namen.

Ein gesellschaftliches Großereignis waren die Kundgebungen und Aufmärsche anlässlich der Feiern zum 1. Mai. Dabei zog der Demonstrationszug vom Großparkplatz am Ortseingang (Foto oben vom 1. Mai 1988) bis zum Weddingsportplatz, wo das untere Foto am 1. Mai 1979 entstand.

Am 21. August 1988 wurde unter reger Beteiligung auf dem Kurplatz die neue „Kurmuschel" mit Freilichtbühne eingeweiht. Verschiedenste musikalische Beiträge wurden dem Publikum an diesem Tag geboten. Für das leibliche Wohl war durch kleine Verkaufsläden an der großen Stützmauer gesorgt.

Der Kurplatz sah in seiner Geschichte die unterschiedlichsten Musikgenres. Im Jahr 1992 fand hier zum zweiten Mal das „Sassnitzer Blasmusikfest" statt.

Die unter den Buchenkronen der Stubnitz an den Wissower Klinken gelegene Waldhalle war das Ausflugsziel vieler Sassnitzer – ob zum Kaffee und Kuchen oder zu bestimmten Veranstaltungen, wie hier mit dem Ensemble Jo Kurzweg im Jahr 1978.

1959 wurden rund um die Königslinie gleich drei Jubiläen gefeiert: die Verbindung feierte den 50. Jahrestag ihres Bestehens, die neu errichteten Fähranlagen mit Empfangsgebäude wurden ihrer Bestimmung übergeben und das FS „Sassnitz“ wurde in Dienst gestellt.

Den 100. Jahrestag des Anschlusses von Sassnitz an das Schienennetz beging man am 13. Juli 1991 mit einem Bahnhofsfest. Historisches Rollmaterial, Musik und eine historische Modenschau rundeten die Veranstaltung ab.

Im September 1973 wurde das Denkmal für die Opfer des Faschismus oder kurz OdF-Denkmal genannt, unter großer Beteiligung im Rathaus-Park vor dem Krankenhaus eingeweiht. Die Reliefs schuf der Bildhauer Reinhard Schmidt.

Die Tradition der Sassnitzer Schützen geht auf das Jahr 1927 zurück. Aufgrund des Verbots von Schützenvereinen während der DDR-Zeit, erfolgte im Jahr 1990 die Neugründung. Auf dem Foto Ende 1920 haben mehrere Vereine in der Bergstraße Aufstellung genommen.

Nachdem Sassnitz bereits 1954 die Stadtwerdung erwog und einen Antrag stellte, beschloss der Rat des Bezirkes Rostock die Stadternennung zum 1. Januar 1957. Das Foto zeigt Gastgeschenke und die Stadternennungsurkunde.

Die Wohngebietsfeste mit Spielen und Wettbewerben für die Kinder, Musik, Tanz, Speis und Trank waren sehr beliebt. Das Foto aus den 1970ern zeigt den Innenhof der Blöcke Große Kummstraße, Wissower Straße und Weddingstraße.

Die offizielle Feier zur Stadternennung erfolgte am 1. April 1957 im damaligen „Haus der Werktätigen“ (heute „Haus der Träume“) in der Bergstraße. Hans Warnke, Vorsitzender des Rates des Bezirkes Rostock, übergab Bürgermeister Siegfried Schlabow die Urkunde.

Für einige Jahre war der „Ökonomisch-Kulturelle Leistungsvergleich Barth-Sassnitz“ fester Bestandteil im Kulturkalender. Diese Aufnahme entstand während des Vergleichs im Jahr 1971 und zeigt den Volkschor im Sassnitzer Hof.

Des Öfteren gastierten auch bekannte DDR-Bands in Sassnitz, die hier gut besuchte Konzerte veranstalteten. Anlässlich der Feiern zum 30. Jahrestag der Stadternennung trat 1987 u.a. die Gruppe Stern Meißen in der Sporthalle Dwasieden auf.

Fast ein halbes Jahrhundert gehörte die Präsenz der Sowjetarmee sowohl im Hafen als auch an Land zum Alltag von Sassnitz. Im Jahr 1994 wurden die letzten Truppen feierlich auf dem Kurplatz verabschiedet.

Unsere Schulen

Der Sassnitzer Heimathistoriker Max Koch beschrieb die Schulsituation Anfang des 19. Jahrhunderts wie folgt: „Der Unterricht bestand in Religion, Schreiben und Rechnen und wurde nur im Herbst und Winter abgehalten. Von den schulpflichtigen Kindern besuchte die Schule, wer Zeit und Lust hatte." Wenn auch eine Schulpflicht bestand, so hielt sie vor allem auf den Dörfern die Eltern nicht davon ab, ihre Kinder anstatt in die Schule auf Besorgungsgänge zu schicken. Mitte des 19. Jahrhunderts wurden die Kinder in einer Crampasser Scheune, später in einer kleinen, auf freiem Acker erbauten Schule unterrichtet. Der stetige Aufschwung beider Gemeinden machte im Jahr 1892 einen Schulneubau in der Stubbenkammerstraße notwendig, der 1899 durch Anbau noch einmal vergrößert wurde. Dennoch war die Schulsituation bis nach dem zweiten Weltkrieg von Platzmangel geprägt, den man mit Baracken und Zweigstellen zu lösen versuchte. Mit stetem Wachstum der Stadt wurden weitere Schulen errichtet, so dass Sassnitz später mehrere Ober- und Grundschulen sowie eine sonderpädagogische Schule aufzuweisen hatte. Im Jahr 2023 verfügt die Stadt über eine Grundschule (1. bis 4. Klasse) und eine Regionale Schule (5. bis 10. Klasse).

Die Gemeindeschule in der Stubbenkammerstraße wurde 1892 gebaut. 1899 wurde aus Platzmangel ein nördlicher Anbau errichtet, der sich stilistisch exakt an dem bereits vorhandenen Gebäude orientierte. Die Ansicht zeigt das Schulgebäude noch ohne Anbau.

Bis 2008 wurde das Gebäude zuletzt als sonderpädagogische Schule genutzt, bevor ein 10-jähriger Leerstand einsetzte. Seit 2018 beherbergt es die Verwaltung für den Nationalpark Jasmund. Diese Aufnahme entstand um 1965.

Bereits 1929/1930 wurde gegenüber der damaligen Ernst-Moritz-Arndt-Jugendherberge (auf dem Foto von 1955 die FDJ-Jugendherberge „Wilhelm Thews“), ein als „Waldschule“ bezeichneter Schulersatzbau aufgeführt.

Als weitere Außenstelle wurde im Jahr 1973 diese Baracke auf dem heutigen Parkplatz Bergstraße an der Einfahrt zum Steinbachweg genutzt.

Die fortschreitende Entwicklung machte weitere Schulneubauten erforderlich. Für die Oberschule I begannen im Januar 1973 die Ausschachtungsarbeiten zwischen Bergstraße und Steinbachweg.

Im Januar 1974 konnte die neue Oberschule I eingeweiht und in Betrieb genommen werden. Am 13. Dezember 1974 erhielt sie den Namen Wilhelm-Pieck-Oberschule.

Im Jahr 1953 wurde die vom bekannten Architekten Hermann Henselmann entworfene Schule als Oberschule II übergeben. Mit diesem Gebäude hatte er ferner eine Musterschule für weitere Schulbauten in der DDR geschaffen.

Die Oberschule III, die 1966 den Namen Dr.-Theodor-Neubauer-Oberschule erhielt, wurde im Jahr 1961 in der Geschwister-Scholl-Straße eingeweiht.

Im Oktober 1973 wurde der Grundstein für die Oberschule IV unterhalb des Wohngebietes Rügener Ring gelegt.

Die Oberschule IV wurde im August 1974 eingeweiht und bekam im Januar 1977 den Namen Karl-Liebknecht-Oberschule. Seit dem Umzug der Grundschule „Ostseeblick“ im Jahr 2008 steht das Gebäude leer.

Unterwegs im Hafen

„Das ist Saßnitz, und sein Herz ist der Hafen“ schrieb 1953 der Sassnitzer Ehrenbürger Wolfgang Rudolph in seinem Roman „Kutterbrigade Deutschland“. Für die Entwicklung von Sassnitz vom mondänen Ostseebad zum Fischereistandort und Verkehrsknotenpunkt spielte der Hafen die entscheidende Rolle. Was 1889 als Fischereischutzhafen begann, wurde schon bald ein wichtiger Verkehrshafen mit der 1897 eingerichteten Postdampferverbindung nach Trelleborg und letztendlich der 1909 ins Leben gerufenen „Königslinie“ – der wichtigsten Eisenbahnfährverbindung vom europäischen Festland nach Skandinavien.

Ab 1949 wurde der Hafen den Bedürfnissen eines großen Fischereistandortes angepasst und fortwährend umgestaltet. Zeitweilig bildeten ca. 200 Schiffe die Sassnitzer Fischfangflotte. Den neuen Voraussetzungen der Nachwendezeit, mit dem Wegfall der großangelegten Fischerei sowie dem Verlust der Monopolstellung im Fährverkehr, stellte sich der Sassnitzer Hafen maritim-touristisch. Seit dem bestimmen Gaststätten, Segelboote und Ausflugsschiffe das Hafenbild.

Bestrebungen, einen Fischereischutzhafen an der Ostküste Rügens zu errichten, gab es bereits seit Mitte des 19. Jahrhunderts. Doch erst 1889 begann man in Crampas/Sassnitz mit dem Bau der Mole, der sich in Etappen bis 1912 hinzog.

Am 1. Mai 1897 nahm die Postdampferlinie Sassnitz-Trelleborg ihren planmäßigen Betrieb auf. Für die Hafenorte begann eine Zeit des wirtschaftlichen Aufschwungs und die Schiffslinie förderte die Beschäftigung auch außerhalb der Saison.

Schon bald nach Hafenbau hatte auch die Marine Sassnitz als Stützpunkt für sich entdeckt und startete von hier aus viele Manöver. Auf dieser Ansicht um 1914 sind zu Minensuchern umfunktionierte Torpedoboote zu sehen.

Der Sassnitzer Reiseführer für das Jahr 1928, das ungefähre Jahr der Aufnahme, bemerkt: „Der Segel- und Motorboot-Sport wird gepflegt durch den Saßnitzer Jacht-Club e.V. [...] Der Club stellt sich fremden [...] Jachten mit Rat und Tat zur Verfügung."

Anlässlich eines Truppenbesuchs haben hier um 1938 U-Boote der Typen II-A und II-B, die ersten nach dem Ersten Weltkrieg in Deutschland gebauten U-Boote, in Sassnitz einen Stopp eingelegt. Auf der unteren Ansicht läuft U4 auf Höhe der Westmole in den Hafenbereich ein.

Am 20. Februar 1987 wurde der Leuchtturm auf der Sassnitzer Ostmole durch den Schwimmkran „Wal“ abgehoben und im Hafen zwecks Restaurierung gelagert. Erst 1993 wurde er wieder an alter Stelle, nun in grün-weiß, montiert.

Dieses Modell zeigt die Fährhafenplanung im Jahr 1955. Während die Zoll- und Passkontrolle, die Zufahrt vom Hochufer und das Empfangsgebäude (Glasbahnhof) realisiert wurden, kamen andere Gebäude nicht über die Planung hinaus.

Geschäftige Betriebsamkeit im Fährhafen um 1960 – die Ende der 1950er Jahre errichtete Stahlbrücke überlebte die Zeiten nicht. Sie wurde um 2000 abgerissen (s. S. 36). Der Wald hinter den Kreidebrüchen ist noch von den Reparationshieben nach 1945 gezeichnet.

Abfahrt aus Sassnitz um 1960 – nur kurze Zeit später sollte es den meisten DDR-Bürgern für drei Jahrzehnte nicht mehr möglich sein, die Ostsee nach Schweden zu überqueren.

Seit dem 9. Juni 1972 war es möglich, einen Tagesausflug in die VR Polen zu unternehmen. Dazu verkehrte für einige Jahre während der Saison das Tragflächenboot „Kometa II“ zwischen Sassnitz und Swinemünde.

Sturmtag im Hafen 1972: Verschiedene Schiffstypen haben an der Brücke festgemacht. Die in der Bildmitte zu sehenden 26,5-Meter-Kutter bildeten mit 50 Stück das Rückgrat der Sassnitzer Fangflotte.

Auch die Pflege des Bootes gehört zu den täglichen Aufgaben einer Schiffsbesatzung. Auf dieser Ansicht wird der Seenotkreuzer „Arkona“ im Jahr 1973 gereinigt.

Bis zum Januar 1998 war es ein alltäglicher Anblick und besonders vom „Sachsenblick“ aus verfolgte man gern die Rangierarbeiten und Fährmanöver. Mit dem Umzug der Fähren nach Mukran wurde es dann bedeutend ruhiger.

Bis heute wird Sassnitz von Militärschiffen angelaufen. Im Juni 1992 war der Hafen Zwischenstopp für die Fregatte 208 „Niedersachsen“. Die „Niedersachsen“ wurde 1980 vom Stapel gelassen und versah bis 2015 ihren Dienst.

Auch der Hafen unterliegt immer wieder baulichen Veränderungen. Im Zuge der Kaisanierung im April 1996 wurde zusätzlich ein neues Stück Land aufgeschüttet und befestigt.

Direkt an der Kaimauer in der Nähe des Hafenbahnhofs fand man um 1930 den „Hafen-Bazar" von Max Weihrich. Neben dem Kauf von Reiseführern, Ansichtskarten und Zigarren bestand hier auch die Möglichkeit Gepäck zwischenzulagern.

Sie galt und gilt als eine der typischen Sichtachsen von Sassnitz: der Blick von der Hafentreppe auf den FPG-Hafen. Um 1970 ist er noch von kleinen Kuttern geprägt, heute durch Ausflugsschiffe und Fischbrötchenverkauf.

Ein Ausflug in die Umgebung

„Kein einziges der vielen Bäder an der ganzen Ostseeküste hat eine so reiche, herrliche Umgebung wie Saßnitz" ließ die Badedirektion, selbstverständlich nicht ganz ohne Nebengedanken, im 1926er Reiseführer für Sassnitz verlauten. Dabei spielte der Buchenwald der Stubnitz eine besonders große Rolle. Wanderungen in Richtung Waldhalle oder weiter nach Stubbenkammer waren sowohl bei Touristen wie auch bei Einheimischen gleichermaßen beliebt und sind es noch. Nichtsdestotrotz bietet die Sassnitzer Umgebung weitaus mehr und immer wieder entdeckt man neue Fleckchen, an denen man gerne verweilt. Begeben wir uns Jahrzehnte in der Geschichte zurück, so sind doch einige Unterschiede im ländlichen Umfeld festzustellen. Die meisten Familien bauen ihre Lebensmittel nicht mehr selbst an. Die Ackerbestellung liegt in den Händen weniger Landwirte, wodurch die Pflanzenvielfalt auf den Äckern auf ein Minimum geschrumpft ist. Dörfer, in denen es damals viele Gewerke und Geschäfte gab, haben sich heute zumeist zu reinen Wohnsiedlungen gewandelt. Die bei uns charakteristischen Einzelhöfe in der Landschaft sind zumeist schon in den 1960er bis 1980er Jahren zu Wüstungen geworden. Für die Einen mögen die Fotos lebhafte Erinnerungen hervorrufen, für andere sollen sie einen kleinen Einblick in Sassnitz' Umgebung gewähren.

Im letzten Drittel des 19. Jahrhunderts werden Tagesausflüge in den ca. 5 km nördlich von Sassnitz gelegenen Ort Promoisel, aufgrund der Natur und Aussicht, sehr beliebt. „Albert Zeeck's Gasthaus" ist später unter dem Namen „Gasthaus zur Stubbnitz" bekannt.

Malte Blodows „Gasthaus zu den Hünengräbern" bleibt vielen Einheimischen und Gästen vor allem durch die späteren Besitzer, der Familie Brinckmann, unter dem Namen „Brinckmannshöhe" in Erinnerung.

Auf dem Weg nach Promoisel gelangte man unter anderem über das zum Rittergut Lancken gehörende Vorwerk Dargast. Wie bei jedem größeren Hof gab es auch hier ein herrschaftliches Wohnhaus.

Aus gleicher Perspektive wie oben schaut der Fotograf auf die Reste des Gutshauses im Januar 1978. Auch heute noch sind an der Wüstungsstelle Reste von Ziegeln und Grundmauern zu finden.

Den Meisten wird die Waldhalle bei Sassnitz als Gaststätte in Erinnerung sein. Für kurze Zeit in den 1950er Jahren weist auf diesem Foto ein Schild auf ein „Ferienlager der RBD Halle Philipp Müller“ hin.

Es war immer wieder aufs Neue spannend, während eines Ausflugs in den Kreidetagebau Wittenfelde zu schauen. Im Jahr 2005 wurde der Abbau dort eingestellt und der Bruch renaturiert.

Herzstück des ehemaligen Ritterguts Lancken war das Gutshaus, welches in den 1870er Jahren von Adolph von Hansemann im neugotischen Stil umgebaut wurde.

Mit Auflösung der Gutsbezirke im Jahr 1928 wurde das Gut Lancken nach Sassnitz eingemeindet. Auf dieser Fotografie um 1940 wandert der Blick vom Lenzberg über die Kreideseilbahn zu den Häusern Lanckens.

Zwar war das Baden in Sassnitz möglich, doch wenn es sich einrichten ließ, unternahm man einen Ausflug nach Neu Mukran, um hier den herrlichen Strandsand zu genießen. Autos waren um 1955, dem Jahr dieser Aufnahme, selten anzutreffen.

Vom Neu Mukraner Strand wandert um 1955 der Blick zurück nach Sassnitz. Am Strand links ist das Wrack des Tankschiffes „Altengamme" zu sehen, welches hier nach Beschuss im Jahr 1945 liegen blieb und bei Niedrigwasser noch heute zu sehen ist.

Abbildungsverzeichnis